Hilke Mayer / Kai Pannen

Olga

Auch ein Schwein darf mal traurig sein

Kösel

Das ist Olga.
Olga ist ein glückliches Schwein.

Olga mag ihre Arbeit.

Und sie mag ihre Freunde.

Olga hat Spaß am Leben.

Doch an manchen Tagen wacht Olga auf
und hat dieses komische Grummeln im Bauch.
Heute ist so ein Tag.

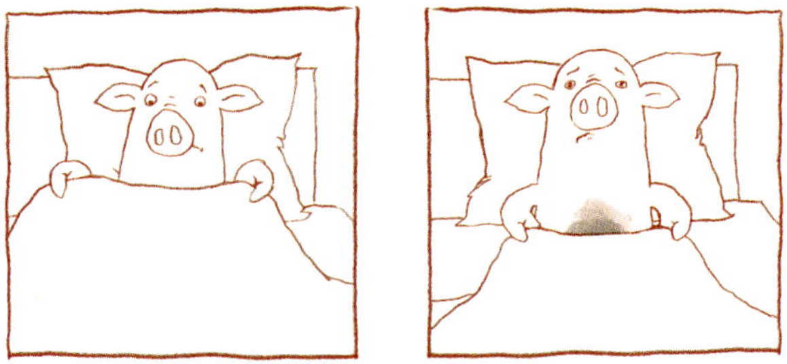

Das Grummeln fühlt sich ein bisschen grau an.
»Komisch«, denkt Olga. »Gestern war das noch nicht da.
Und heute kann ich es auch nicht brauchen!«

In der Arbeit strengt sich Olga besonders an.

Doch immer, wenn sie einen Moment innehält,
spürt sie das Grummeln wieder.

Und als sie sich abends mit ihren Freunden trifft, klappt das mit dem Spaßhaben auch nicht so richtig.

Beim Zähneputzen muss sie ein bisschen seufzen.
Dann gibt sie sich einen kleinen Schubs.
»Morgen ist das graue Grummeln wieder weg«,
sagt sie zu ihrem Spiegelbild. »So ist es doch meistens!«

Als sie aufwacht, scheint die Sonne in ihr Fenster. Olga springt aus dem Bett.
»Ein neuer Tag!«, ruft sie.

Doch dann merkt sie es: Es grummelt immer noch.

Weil heute Samstag ist, muss Olga nicht arbeiten.
Allein zu Hause gefällt es ihr aber auch nicht.
Im Park setzt sie sich auf eine Bank.

»Hallo Olga!«
Da kommt ihr Freund Ben den Weg entlang.

»Wie geht's?«

»Alles okay«, sagt Olga.
»Na dann«, sagt Ben.

War da nicht eben ein Geräusch?
Ben spitzt die Ohren. Leise,
aber deutlich grummelt da etwas.

»Hast du das auch gehört?«, will Ben wissen.

Dass Ben ihr graues Grummeln bemerkt hat,
ist Olga ein bisschen unangenehm.
»Ach das, das hab ich schon seit gestern.«
»Darf ich mal genauer hören?«, fragt Ben.

Er darf.

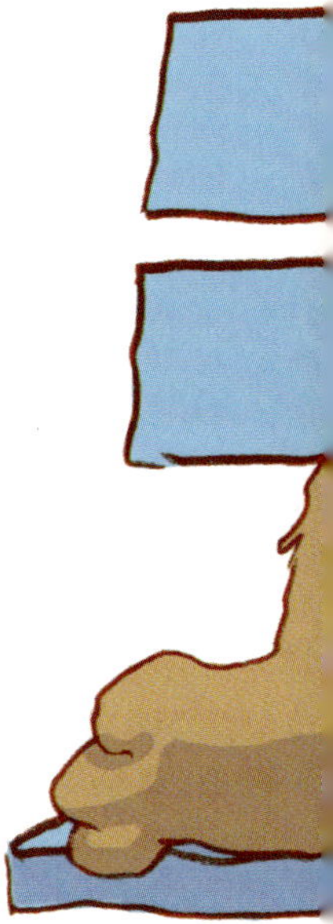

»Das ist ja ein spannendes Grummeln«, sagt Ben.
»Ach ja?«, meint Olga fragend.
»Ja, es hat so einen besonders vollen Basston«, sagt Ben.

»Hm«, sagt Olga. »Das war mir noch gar nicht aufgefallen.
Eigentlich klingt es wirklich ganz interessant. Aber es fühlt sich so grau an!«

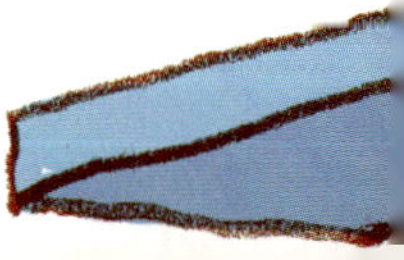

»Ah«, sagt Ben.
»Das kenn ich.
Das hab ich auch manchmal.«

»Aber oft dauert so ein Grummeln gar nicht so lange. Wenn ich mir ein bisschen Zeit nehme und genau hinhöre, erinnert es mich nämlich wieder an das, was meistens am besten hilft.« »Und was ist das?«, fragt Olga.

Da nimmt Ben seine Freundin Olga in den Arm. Ganz fest. Und ganz lang.

Vor Erleichterung läuft Olga eine kleine Träne über die Wange.

Und das graue Grummeln?

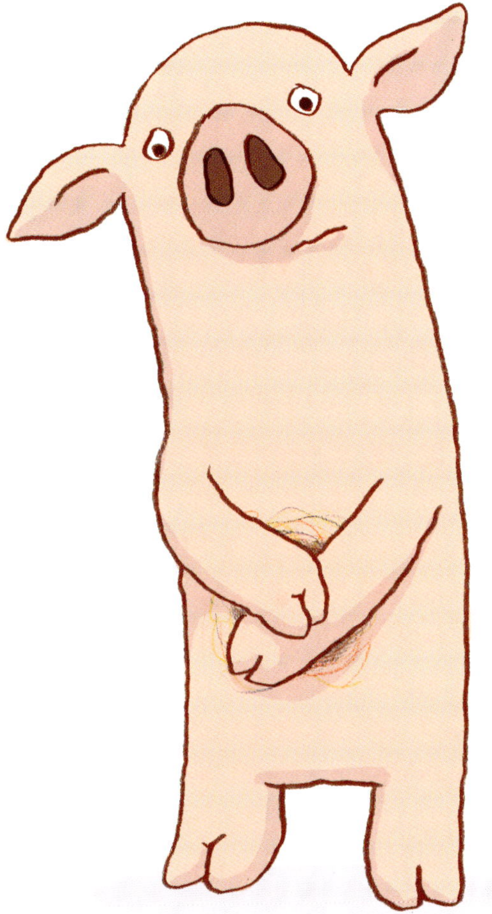

»Gut, dass du mich gefunden hast«, sagt Olga.

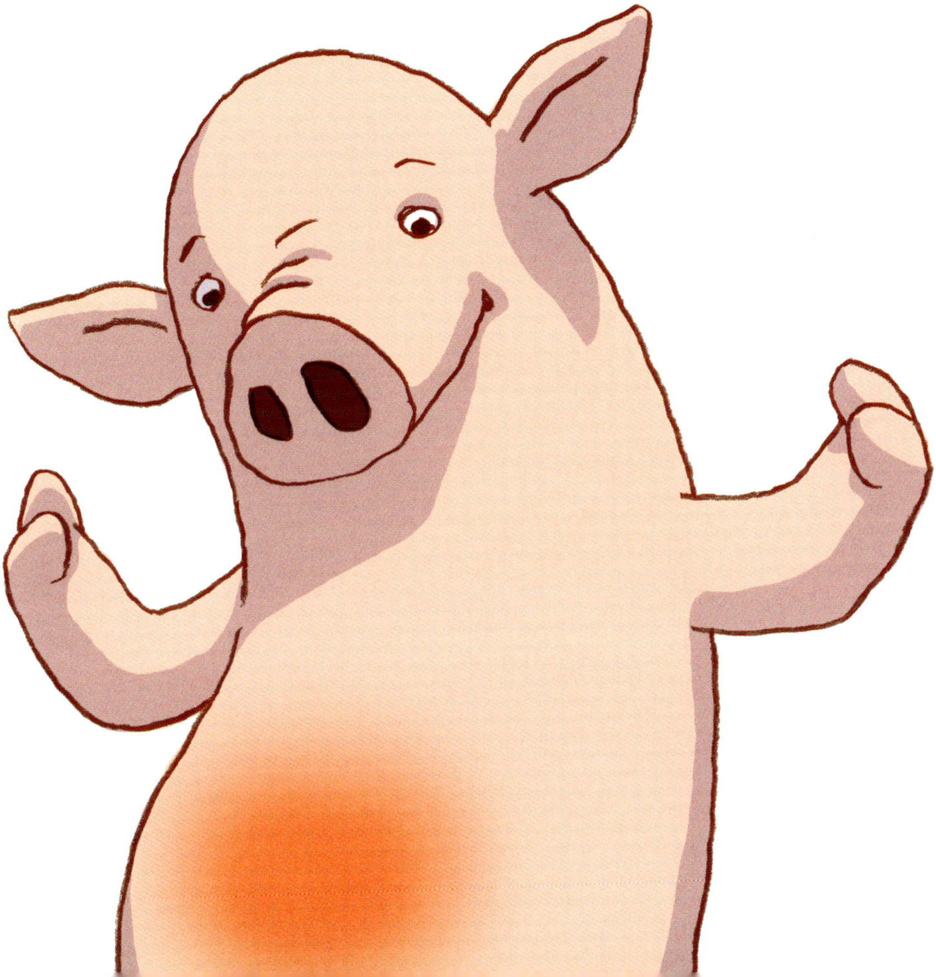

»Ich weiß«, sagt Ben. »An grauen Tagen helfen Freunde am besten.«

Hilke Mayer sind eigentlich die beiden Schwestern Silke und Heike Mayer. Sie sind nicht nur mit Olga, sondern auch mit dem Hamburger Illustrator und Trickfilmer Kai Pannen (www.illustrationsbuero.de) befreundet.
Silke Mayer ist Dipl.-Psychologin mit Erfahrung in Gestalt- und Gesprächstherapie. Heike Mayer ist Lektorin und Schülerin des Zen-Meisters Thich Nhat Hanh mit langjähriger Praxis in Achtsamkeitsmeditation.

2. Auflage 2008

Umschlag: 2005 Werbung, München
Umschlagmotiv und Illustrationen: Kai Pannen, Hamburg
Druck und Bindung: Kösel, Krugzell
Printed in Germany
ISBN: 978-3-466-30797-5

www.koesel.de